全国高校出版社主题出版
重庆市出版专项资金资助项目

图案里的中国故事

福神百图

主编 沈泓

重庆大学出版社

图书在版编目（CIP）数据

图案里的中国故事.福神百图/沈泓主编.-- 重庆：重庆大学出版社，2024.4
ISBN 978-7-5689-4384-0

Ⅰ.①图… Ⅱ.①沈… Ⅲ.①神—文化—中国—通俗读物 Ⅳ.①K203-49②B933-49

中国国家版本馆CIP数据核字（2024）第090439号

图案里的中国故事·福神百图
TU'AN LI DE ZHONGGUO GUSHI · FUSHEN BAITU
主　编　沈　泓

策划编辑：刘雯娜　张菱芷
责任编辑：刘雯娜
版式设计：张菱芷
责任校对：王　倩
责任印制：赵　晟

*
重庆大学出版社出版发行
出版人：陈晓阳
社址：重庆市沙坪坝区大学城西路21号
邮编：401331
电话：（023）88617190　88617185（中小学）
传真：（023）88617186　88617166
网址：http://www.cqup.com.cn
邮箱：fxk@cqup.com.cn（营销中心）
全国新华书店经销
重庆新金雅迪艺术印刷有限公司印刷
*
开本：787mm×1092mm　1/16　印张：8　字数：144千
2024年4月第1版　2024年4月第1次印刷
ISBN 978-7-5689-4384-0　定价：58.00元

本书如有印刷、装订等质量问题，本社负责调换
版权所有，请勿擅自翻印和用本书
制作各类出版物及配套用书，违者必究

总序

　　中国传统图案历史悠久，是中华优秀传统文化的形象载体，具有跨越时空的审美价值。我国各民族创造的绚丽多彩的图案艺术，是我国民间美术造型的重要组成部分，蕴含着各民族社会生活、历史文化、风俗习惯和美学观念等丰富内涵，与中国文化史、中国思想史、中国美术史、中国民俗史等诸多领域的知识体系紧密相关。

　　每个时期的地域文化都会产生其特有的艺术形式。透过传统图案的纹样、造型设计和装饰现象，人们可以窥见某个民族、某个地区、某个时期、某种文化的具体表现。传统图案犹如社会生活的一面镜子，不仅映射出各族人民劳动和生活的方方面面，而且以其独特的造型艺术语言反映出各族人民的造物活动、情感生活与生命追求。传统图案中的每一个纹样、每一种形象、每一幅构图都不是孤立存在的，它们就像历史文化长河中的一叶小舟，可能还负载和积淀着那些至今尚未被科学认知的、充满原始神秘色彩的多种文化信息与符号象征。

　　源远流长的中国传统图案具有深刻的文化内涵。它产生于民间，为社会各阶层所接受，经过千百年来的不断创新和发展，其内容和表现形式愈加丰富多彩，充分体现了劳动人民的艺术想象力和创造力。它所表现的观念意识在中华民族中具有普遍意义，折射出的时代背景、社会心态、民族

心理和审美情趣，已远远超出传统图案纹样本身的价值和意义，人们能从中感悟到丰厚的文化底蕴，这是人类对幸福美好的渴求与生命的礼赞。然而，若要真正了解和理解这一切，离不开对中华民族特有的思维方式和表达方式的深刻把握。

20 世纪 20 年代，我国学者就开始对中国传统图案进行整理和研究，至今已有一百多年的历史。传统图案是展现在人们面前的一幅民俗风情长卷，它结合了各族人民的节令习俗、人生礼仪和游艺活动等，以喜闻乐见的形式，在民间文化生活中发挥着巨大的作用。在漫长的岁月里，各族人民为了摆脱自己的困苦，在与自然的搏斗和与命运的抗争中，常借助对某些事物的幻想来寻求精神上的慰藉。我们在对传统图案进行研究时会遇到许多错综复杂的问题交织在一起，某些美丽的图案被罩上了一层神秘的色彩，而这些图案中又寄托着各族人民的美好愿望。因此，这些传统图案作为一种文化现象，有待我们进行深入细致的研究。

习近平总书记多次强调弘扬中华优秀传统文化，提出"要加强对中华优秀传统文化的挖掘和阐发"。2017 年 1 月，中共中央办公厅、国务院办公厅印发的《关于实施中华优秀传统文化传承发展工程的意见》，提出"到 2025 年，中华优秀传统文化传承发展体系基本形成"，要求"各类文化单位机构、各级文化阵地平台，都要担负起守护、传播和弘扬中华优秀传统文化的职责"。沈泓主编的"图案里的中国故事"丛书正是在这一时代背景下进行创作的。他视野独特，通过传统图案讲述中国故事，既贴合弘扬和传播中华优秀传统文化的思想精华和道德精髓的主旨，又符合具有趣味性和可读性的读者需求。这套丛书的可贵之处是它来自民间沃土、来自活水源头。为写作这套丛书，沈泓自费走遍全国大部分省、自治区、直辖市，从偏僻山乡到田野阡陌，寻访民间年画、剪纸、纸马、水陆画、雕刻等方面的手工艺人；从深山古寺到寂寥古巷，寻找和收集中国传统图案。这套丛书的最大亮点和不可替代性是他以二十多年来收藏的六万多张年画、剪纸、纸马、水陆画、神像画、拓片等原作，以及已故民间艺术大师的精品、孤品作为底本，增强了图说文字的可信性与权威性。

"图案里的中国故事"丛书，按专题分卷，每卷一百幅图，以图为主导，图文并茂地讲述了传统图案里的中国故事。作者不是简单地整理分类，而是深入研究和阐述这些图案的典故和寓意，注重传统图案背后的民俗知识和文化内涵，生动描述其来历和传说故事，深入浅出，娓娓道来。虽寥寥数笔，但旁征博引，言简意赅，在认识论和方法论上都有新的突破，让读者不仅能获得审美愉悦，还能看到无限辽阔的精神境域。该丛书中的传统图案主要选自中国非物质文化遗产代表性项目年画、剪纸等，其中有许多是鲜见或即将消失的传统图案。随着时代的发展，现代社会的人们在继续应用这些传统图案时，其蕴含的积极意义必将随着人们新的认识和理解而得到升华。而在民间，传统图案所代表的美好、善良的愿望，依旧是人们克服一切困难、掌握自己命运和意志的体现。

　　"图案里的中国故事"丛书对濒危非遗项目的抢救性整理出版具有紧迫性，对实现中华文明创造性转化和创新性发展具有重要意义。

　　是为序。

孙建君

2022 年夏

福神

福

　　人人都追求幸福，都希望自己有"福"、有"福气"，福成为每一个人神往的祈盼。那么，究竟什么是福呢？在中国传统文化中，福的含义十分广泛，它涵盖了生活中一切美好的愿望与目标。富有想象力的古人创造了福神，认为浩渺无际的星空是众神的居所，每一点星光都是一位星辰之神，福神是一个泛神化形象，似乎诸多吉祥神皆可任福神，而专门给人类赐予福气和好运的木星（岁星）则被认为是福神的原型。

　　福神，又叫福星，关于福神的来历有无数种说法，其中一个版本说他是传说中的"太岁"。太岁主凶，是一个令人恐惧的形象。为什么美好的福神竟然还有太岁凶神的一面呢？纵观中国传统文化，或许可以找到两个原因：一是和中国古代哲学有关。古代哲学认为，祸福是相互依存、相互跟随的，祸兮福所倚，福兮祸所伏，祸福兼容并生，随时转换。二是和中国民俗文化中的造神思路有关。古人的造神思路往往是因对某种可怕的或未知的东西感到恐惧、不可知或不可把握，而造出一个神来，这个神往往正是这个令人恐惧的物象本身。这就是"恶之先敬之"，怕什么，就先把他当神来敬，实际上是一种崇恶心理。尽管后来福神并非令人恐惧的东西，但古人造神的思维已形成惯性，仍然找了最可怕的主凶的太岁来充当福神。

  凶神的形象不能长久，慈祥的形象才更令人向往。民间传说的福神主体形象，主要是顺着"木星—岁星—太岁—天官—阳城—天官—增福财神"这一脉络演进的。到了唐代，福神从天上走向人间，摇身一变，成了人间凡人，成为唐代的一位清官——阳城。《新唐书》里记载了一个真实的清官故事，终于将神还原为人。民间图案中最为具象的福神形象是《天官赐福》和《增福财神》，他们总是笑眯眯地守护人间，惹人喜爱。

  福神职司"五福"，古人界定的五福涵盖了长寿、富贵、平安、吉祥、儿孙满堂等世俗福祉。本书精选一百幅有关福神的民间图案，对福神主体形象的身世、功能、传说、民俗意味等进行描述，深入浅出地提供一条探究中国福神文化的形象线索。除了追溯木星、岁星、太岁与福神之间的渊源，还讲述了现实中的阳城、戚杰、杨伸、杨守敬、李诡祖等清正廉洁、一心为民的故事，也表现出民众对清官、好官的期盼和敬仰。

沈 泓
2023 年秋

目录

一 福神起源 木星的故事 ……二

二 福神演变 岁星的故事 ……一六

三 另面福神 太岁的故事 ……二八

四 三八 由神到人 阳城的故事

五 六〇 三官信仰 造神的故事

六 七四 天官赐福 天官的故事

七 一〇〇 增福财神 李诡祖的故事

福神起源

木星的故事

福神的起源有多种说法：最初福神是天上的星星，起源于先民对木星的自然崇拜，并称其为福星；西汉以来，福神演变为保佑丰收的赐福星官——岁星；东汉末年，道教宣扬将天、地、水三官信仰与星辰崇拜相结合，使天官赐福的观念深入人心，直至魏晋南北朝时期；唐朝时，太岁之神凶险的一面被过度传扬，大大削弱了岁星和天官的赐福意蕴，人们转而把纳福迎祥的愿望寄托在一位人间好官——阳城身上，认为他就是福星下凡来救苦救难的；明代以来，道教神系中的天官再度流行，天官赐福的图案在民间年画中大行其道；清代，世俗生活繁花似锦，更接地气的增福财神受到众人追捧。

在民间，福神与禄神、寿神一起频频亮相，成为最受民众欢迎的吉祥星官组合——福禄寿三星，桃花坞等诸多产地的年画中都有这一经典图案。

福禄寿三星

·桃花坞年画·

中国福神文化源远流长。古人认为，浩渺无际的星空是神灵的居所，每一颗星星就是一位神。起初，古人把天上的星辰想象成恐怖的怪兽模样。道教兴起后，人们把天上的星星人格化，将其看成吉祥的星官。其中，有三位星官最受欢迎，即专门赐予福气好运的福星、负责加官晋爵的禄星和保佑人们长生不老的寿星。桃花坞年画《福禄寿三星》将天上遥不可及的星星栩栩如生地刻画成慈爱和蔼的人间老爷爷。

福禄寿三星

·河北年画·

河北年画《福禄寿三星》与桃花坞年画《福禄寿三星》图案相同，不同的是，桃花坞年画《福禄寿三星》是木版套色印刷，而河北年画《福禄寿三星》是墨线版加手绘。

紫微大帝

·南通年画·

南通年画《紫微大帝》表现了天庭中星官统帅的形象。紫微大帝又称"中天北极紫微太皇大帝",属于道教四御之一,位居玉皇大帝之下,辅佐玉帝管理星界,所以紫微星是地位最高的星,被誉为"众星之主,万象宗师"。紫微大帝执掌天经地纬,率领普天星斗,节制鬼神雷霆,理所当然成为福神之领袖。

紫微大帝

·南通年画·

紫微宫左、右两列分别是紫微左垣和紫微右垣。"垣"是城墙的意思，它们就像是皇宫的城墙。城墙外面有一驾马车整装待发，这就是北斗七星；而陪同天帝巡视四方的，自然被人们想象成皇帝的文臣武将。

图案里的中国故事·福神百图

福 八

福禄寿三星

·开封年画·

不仅福星是紫微大帝的下属,禄星和寿星也都是,只不过最初这三星并不突出。在古代天文家看来,星辰运行规律所体现的社会秩序与人间帝王社会等级一样,禄星的官职为"司禄",排在最后。

随着历史的演变,三星地位逐渐提高。到汉代,福星已在五星二十八宿神中排在众星之首;隋唐科考制度使禄星的地位得到大幅提升;从宋元到明清,"福、禄、寿"演化成最耀眼的三颗星。《福禄寿三星》年画畅行天下,成为家家户户都要张贴的年画,以至于人们只知道这三颗星,其光芒掩盖了武官、贵相、司命、司中等当初更为重要的诸多星官。

朱仙镇年画《福禄寿三星》和开封同名年画构图相同,但版本不同,画上的福星都是和蔼可亲的形象。

福禄寿三星

·朱仙镇年画·

福禄寿三星 ·开封年画·

"福禄寿三星"成为民间图案中最常见的吉祥图案。后来"福禄寿三星"又演变为"福禄寿喜财"。无论是福禄寿三星,还是福禄寿喜财,福星都居于首位,说明"福"是最重要的。对福星的顶礼膜拜,基于人人都希望降福到家门、福运绵长的心愿。从各地的《福禄寿三星》年画中可看出,福神不仅居于画面中心位,且占据的画幅也最大的。从星象来看,福星(木星)也是位于最重要的方位——东方。

木星从东方升起。在古人的五行观念中,东方属木,故而得名。马王堆汉墓出土的帛书《五星占》中就有关于木星的记载。

紫微高照

·绵竹年画·

福禄寿三星

·漳州年画·

为什么把一个具体的人或神说成星呢？因为古人把天想象成一个巨大的圆形穹顶，所有星辰都在上面巡游。但人们发现有一处是不动的，几乎所有星辰都围绕着这里旋转，这就是天上皇宫所在之处。古代星相家称之为紫微宫，位处三垣之中的中垣，是帝王的居所。西汉未央宫、隋唐洛阳宫城紫微城、明清故宫紫禁城，皆由此而来。

木星为紫微大帝所辖，是紫微大帝最出色的部下。虽然现在很难见到木星的图案，但在《福星高照》和《福禄寿三星》图中却很常见。其实，福星图表现的正是木星。古人认为，木星就是福星的化身。

福神演变

岁星的故事

天上星辰数不胜数,为什么古人偏偏选中木星作为福星呢?《天官·星占》里讲道:木星照耀的国度,赐福于君王,保佑他政权稳定。

在古代,人们将木星又称为岁星,《史记·天官书》中有所记载。星相家们又将其引申为"岁星所照,能降福于民",说岁星照耀的地方,百姓也能够得到好运和幸福。可见,西汉时期人们已普遍把岁星(木星)作为赐福之星看待。

图案里的中国故事·福神百图

福 一八

〔福禄寿三星〕

·杨家埠年画·

有关福禄寿三星的传说中，东方朔是一个神奇的存在，他不仅与寿星有关系，还与福星有关系，可以说是唯一一位与两颗星有关系的人物。早在西汉时期，就有关于东方朔是岁星下凡的传说。据史书记载，东方朔死后，汉武帝问大王公："诸星具在否？"大王公说："诸星具，独不见岁星十八年，今复见耳。"帝仰天长叹说："东方朔生在朕旁十八年，而不知是岁星哉！"惨然不乐。

二 福神演变 岁星的故事

福 一九

福禄寿三星

·杨家埠年画·

人们对木星情有独钟，不仅是因为它明亮出众，看上去很美，还有一个重要原因是木星具有实际功用，它的另一个名字叫"岁星"。古人发现，每晚同一时刻观察木星，其位置都只有微小差别，甚至不易被察觉。但如果以年为单位来作比较，这个变化就会非常明显，而这种变化的周期是恒定的，即以十二年为一个轮回。

福禄寿三星

·杨家埠年画·

岁星可用来纪年和修订历法。古人认为,天空就像是一个大时钟,木星就像是大时钟的指针,只不过它转一圈不是十二小时,而是十二年。在古代星相学家眼中,木星具有非比寻常的重要性,他们用这座"大钟"作大跨度时间的调整校正,以修订历法。

·平阳年画·

福禄寿三星

古人还发现，木星与农业收成有某种关联。《淮南子·天文训》中有一段文字讲到木星的十二年周期。大意是岁星所在的地方，保证五谷丰登，第三年会有饥荒，第六年进入衰落，第十二年又开始兴盛。

福禄寿三星

·绛州年画·

木星活动的十二年周期中，气候也呈现周期性变化，而气候对农业生产来说至关重要。在《史记》《汉书》等史书中，明确记载岁星是主管农业的星官，地位极为崇高，秦汉时期政府就专门建造庙宇来供奉岁星，这种祭祀制度一直持续到晚清。

二 福神演变 岁星的故事

五星二十八宿神形图（局部）

·宋摹本·

现存最古老的星官画作中，有一幅绘制于一千五百多年前唐朝开元时期的《五星二十八宿神形图》，画作描绘了金、木、水、火、土五星和二十八位宿神形象。其作者曾被认为是南朝的张僧繇，现多认为是唐代梁令瓒。

《五星二十八宿神形图》中排在众星之首的是一副怪兽模样的福星，他的头部似虎非虎，一双豹目圆睁，盘膝坐在奔跑的野猪背上。他身着一袭简朴长衫，又似一位读书人姿态。旁注文字中还详细记录了关于木星的祭祀制度："岁星神豪侠势利，立庙可于君门。祭用白币，器用银，食上白鲜，讳彩色，忌哭泣。岁星为君王。"可见，祭祀岁星的等级和地位是最高的。

福禄寿三星

·朱仙镇年画·

紫禁城南的先农坛旁边有一座祭祀岁星的大殿，每到金秋时节，皇帝便率领文武百官在此举行盛大仪式，祈求岁星赐福天下，保佑五谷丰登。民以食为天，丰收当然是福，因此后来岁星被赋予福星称号自然是实至名归、当之无愧。

福禄寿三星

·年画（产地不详）·

福禄寿三星

·年画（产地不详）·

二　福神演变　岁星的故事

另面福神

太岁的故事

按照古代星相学家的理解，岁星(木星)并非总在天上，白天在地上的行宫居住；当夜幕降临，岁星才腾空而起，开始一晚的巡天旅行。天亮时，又回到地面，取道陆路返回行宫休息。如此这般，周而复始。

福禄寿三星

·武强年画·

因为早期的福星是怪兽模样,所以这位赐福的岁星神有一个令人害怕的别名——太岁,也称为太岁星神。俗话说"不要在太岁头上动土",说的就是这位太岁星神,这也是古人对它的奇异想象——源自古人对木星的观察。

年画中常见的福星总是满面春风的形象,但很少有人知道,福星原本是怪兽的模样,中国早期的福星图案与现在的形象差距很大。

太岁

·腾冲纸马·

腾冲纸马《太岁》或取材乙丑太岁陈材大将军。此太岁为牛年太岁，画面线条精致，人物手执红缨枪，表情栩栩如生。太岁的行宫所处的方位因年度和月份不同而有所变化，因此人们在破土动工盖房之前都会请教风水先生，问清岁星当天所处方位，以防掘到地下的行宫。如掘到岁星地下的行宫就叫冲撞太岁，也就是在"太岁头上动土"。

太岁

· 弥渡纸马 ·

唐代文人笔记《酉阳杂俎》中，记载了一个太岁现身大开杀戒的故事。有个叫王丰的人，在院中挖坑时发现一团"怪肉"在土下蠕动。他非常害怕，赶忙将土回填，但"怪肉"却越长越大，无法盖住，王丰急忙逃回家中。到了晚上，"怪肉"居然闯入家中，还越长越大，挤满整个房间。最终，王丰一家人死于非命。当时的人们认为，王丰无意间冒犯了太岁，所以遭到了严厉的报复，搞得家破人亡。

太岁

·保山纸马·

"怪肉"在空气中就能迅速生长,但古人不知道科学道理,对这一奇特的现象迷惑不解,进而心生畏惧,风水先生索性把它与岁星联系起来。唐朝时,岁星神具有吉祥和凶险的两面性,虔诚供奉可以得福,如若冒犯则必遭灾祸。云南保山至今仍有太岁信仰,有多家纸马作坊印制太岁纸马。其版本较多,图案大多是太岁一人端坐图中央,上端两角刻印"太岁"二字。

当年太岁

· 周城纸马 ·

太岁到底是什么呢？太岁其实是一种古老的生物。史料记载，太岁为肉灵芝，色白，状如肉，俗称"怪肉"。"怪肉"是一种罕见的类似蘑菇、灵芝的东西，只因"怪肉"外形奇特，才被古人神化。民间风水堪舆术盛行，使"太岁头上不能动土"的说法广为流传。周城纸马《当年太岁》刻画了一位骑牛的太岁，太岁骑牛是因为太岁与属相有关。牛相的太岁有乙丑太岁陈材大将军，执红缨枪；丁丑太岁汪文大将军，持金瓜；己丑太岁傅佑大将军，执枪；辛丑太岁杨信大将军，秉笔；癸丑太岁朱得大将军，持金瓜。

值年太岁

·巍山纸马·

纸马《值年太岁》和《太岁之神》产地相距遥遥，但都不约而同地描绘了太岁的坐骑，且都是一头牛，又与一千五百多年前的古画《五星二十八宿神形图》中的木星图相似，只是木星是怪兽骑野猪。遥远的时空，古人和今人，对福星形象的想象竟然殊途同归，堪称中国图案史上的一大神秘现象。

大理古城纸马《太岁之神》画面十分具有诗意，远山近水，还有一轮弯月悬挂天幕，牛头牛尾在扭动，骑牛人一手提缰，一手遥指前程，张开的嘴唇，飘飘的长发，生动传神。纸马写明是"太岁之神"，但画面上分明是一位女子，或许民间纸马艺人浑然不知太岁为何物，只是按照他的审美观刻画出好看的形象。

太岁之神

·大理古城纸马·

随着太岁神凶恶的一面被民间故事越传越离奇，人们畏惧之余也就对其敬而远之，从此，福星与这位令人敬畏的岁星分道扬镳，人们渐渐忘记岁星原来的赐福星官身份，转而去寻找其他能够寄托福气和好运的"神"。这时，唐朝一位虔心为民的好官便成了福星的化身。

由神到人

阳城的故事

四

阳城是历史上的一位真实人物。关于他的故事,《新唐书》中有所记载：唐朝时期，道州（今湖南道县）每年需要把身材矮小的人作为贡品送到宫中做太监，满足皇帝对侏儒的荒唐需求。但是道州并无那么多侏儒，历任刺史便想法把儿童弄成侏儒进贡。阳城任道州刺史后，冒死上书给当朝皇帝，拒绝上贡，为当地百姓罢黜了一项恶俗。

于是，当地人开始把阳城当作福星供奉。后来，这个真实的故事被唐代大诗人白居易写进《道州民》诗中。从此，这位名叫阳城的爱民好官便声名远扬，开始担任福星在人间的形象代言人，并成为全国人民顶礼膜拜的福神。

图案里的中国故事·福神百图　福　四〇

文官门神　·武强年画·

阳城，唐陕州夏县（今属山西）人，自幼好学，因生活贫困无钱买书，请求为集贤院写书吏，借此机会昼夜闭门攻读，坚持六年之久。科考进士及第，阳城不贪图功名利禄，隐居中条山，过着清贫的生活。山东节度使闻其忠义，派人送来缣五百匹，阳城固辞不收，使者扔下便走。阳城把缣封存起来，逢里人郑俶无钱葬父，就全部送去。

阳城的卓行远近皆知，李泌任宰相后，再次向唐德宗举荐，任命阳城为谏议大夫，派长安尉杨宁带诏书绢帛聘请。阳城无奈，只好身着粗布衣前往京城谢恩辞绝。唐德宗派宦官取来朝服绯衣，下令更衣召见，并赐帛五十匹，任命阳城为谏官，阳城就此从隐居生活走上仕途。

谏诤官大多没有善果，友人劝阳城好自为之。阳城吸取了其他谏官论事烦琐导致唐德宗厌倦的教训，他始终采取谨慎的态度，遇事不肯多言，因此遭到韩愈作《争臣论》讥刺。阳城居谏官八年，未曾与人争是非，人也难测其吉凶。

阳城对人忠义，敢扶正压邪。裴延龄诬陷陆贽、张滂、李充等人，欲将他们排挤出朝，以专揽大权。唐德宗受裴延龄蒙蔽，事虽不平，人莫敢言。阳城知后，主持正义，声言"我身为谏官，不可令天子杀无罪之臣"。他约拾遗王仲舒守住延英阁，进去拜见唐德宗，慷慨陈词，极言裴延龄罪恶。为了促使这件事早日得到合理解决，他天天去为陆贽等人申冤，知者无不恐惧，而阳城义气弥坚。

唐德宗大怒，召集宰臣，欲将阳城治罪。在太子李诵的搭救下，阳城最终幸免于难。但对这件事，唐德宗一直怒气难解，执意让裴延龄为相。阳城在朝堂上明确提出反对意见，声称若裴延龄为相，他定要撕烂诏书，哭于朝堂。在阳城的谏诤力抗之下，唐德宗开始改变对裴延龄的看法，取消了任其为宰相的成命。史言："帝不相延龄，城力也。"

文官门神

·凤翔年画·

阳城不仅正直，而且重义气。朝官薛约，因言事得罪，被贬到连州，后逃回隐藏在阳城家。官府前来捕捉，阳城毫不恐惧，让官吏等在门外，与薛约饮酒告别，并送往城外，执手相辞。唐德宗怀疑阳城是薛约的朋党，下令贬阳城为道州刺史。阳城因薛约牵连被逐出京，但他无怨无悔，世人对他无不敬佩。

文官门神

·南通年画·

文官门神

·绵竹年画·

出任道州刺史后，阳城励精图治，关心民情，生活节俭，赏罚分明。道州前任刺史获罪，长期被囚狱中，其他官吏为了开脱自己，纷纷向阳城告发之前的不法之事，把罪责全推到前任刺史身上。阳城虽痛恨贪官污吏，但更看不起落井下石之辈，下令凡有告发和逃避责任者一律斩杀。

图案里的中国故事·福神百图

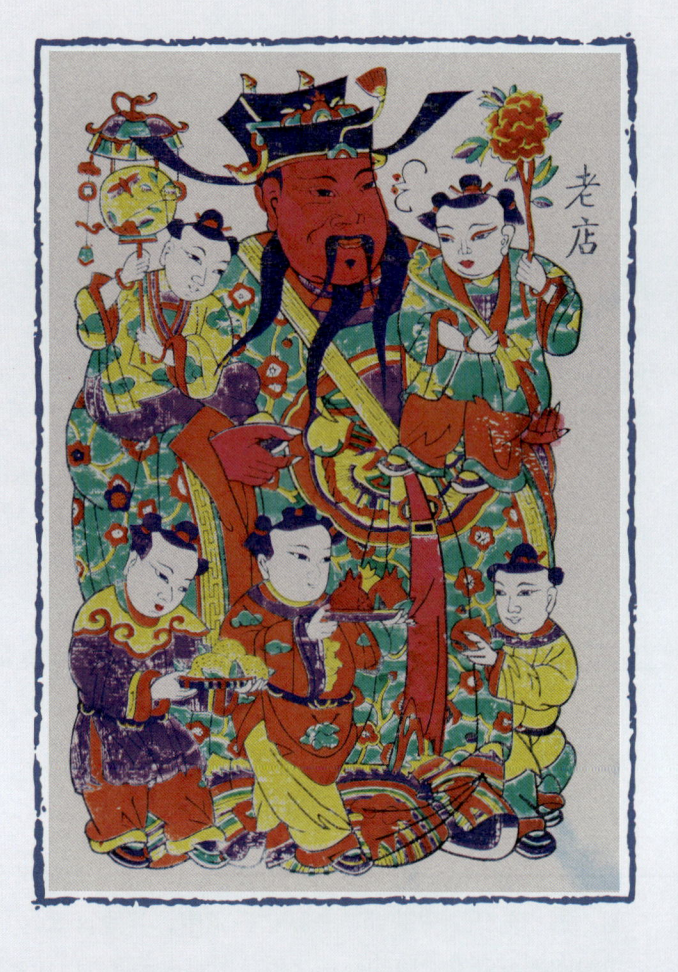

福 四六

文官五子门神

·尉氏年画·

观察使派人来道州催逼租税，百姓在重租杂徭下民不聊生。阳城深感内疚，在考评各州刺史政绩时，他挥笔给自己的评价是"抚字心劳，追科政拙，考下下"，以此表示反对官府催逼租税的行为。之后，观察使又派判官到道州来逼租，阳城闭门不见，并告诉州吏，若问他何在，就答刺史以为有罪，自囚在狱。判官逗留数日，阳城白天站在府门外，夜里睡在馆门内待罪，判官不得已而去。观察使派人来处置此事，阳城不愿身陷囹圄，最终弃官归隐。

在道州，阳城最大的功劳是上奏罢除了上贡侏儒这一弊政。道州岁贡侏儒起源于隋代，隋炀帝登基后，下诏各地进贡太监。当时的县令进贡了一个名叫王义的秀才，此人虽是身高不满三尺的侏儒，却聪明伶俐，能言善辩，又会吟诗作对，插科打诨，深得隋炀帝喜爱，走到哪里带到哪里，作为优伶戏弄取乐。因为道州贡了这么个活宝，皇上非常高兴，从隋到唐，竟发展成岁贡制度。

然而，道州并没有那么多侏儒。历任刺史或为了逢迎皇帝，或迫于淫威，让当地官员把好端端的幼儿先行阉割，伤愈后再强行装进陶罐中，只露出头部，由专人供给饮食，使其在缸里畸形生长，若干年后再破缸取人。道州刺史用这种残酷的手段制造畸形侏儒进贡，代代相传，竟沿袭了一百多年。

皇帝不知民间疾苦，总以为"矮子短孙皆为至交，金银错镂尽赐弄臣"的举动是抬举了道州百姓。阳城上任后，得知此情，"哀其生离，无所进"。但朝廷屡屡催促，阳城便冒死上书给当朝皇帝，提出取消进贡侏儒惯例，拒绝上贡。他说历代典章制度没有下属必须上贡矮奴的规定，即便道州有身材矮小的百姓，他们也只是矮民，而不是什么矮奴。

阳城的上书，令当时的皇帝良心发现，进贡侏儒的事到此终止，道州城里一片欢庆。这个真实的故事被唐代诗人白居易写进了《道州民》诗中："道州水土所生者，只有矮民无矮奴。"

文官五子门神

·南通年画·

四　由神到人　阳城的故事

四九

图案里的中国故事·福神百图

福 五〇

文官五子门神

·潍县年画·

四　由神到人　阳城的故事

文官五子门神

·佛山年画·

人们对这位救民于水火的父母官非常感激，于是建庙供奉。又因阳城令道州百姓母子团圆，重获家庭幸福，百姓便敬奉他为福神，阳城庙也被称作福神庙。为了让子孙后代永远铭记阳城的功德，当时的百姓生男孩均以"阳"为字，立祠祭祀，并把当时的主街改名为"阳城街"，永志不忘。

其实，阳城入仕之前曾在中条山授业，他对学生的严格要求和辛勤培养使其远近闻名，前来拜师求学者络绎不绝。

唐德宗贬阳城去道州时，太学生何蕃、李偿、王鲁卿、李谠等两百余人跪在宫外为他求情，希望皇帝能把阳城继续留在京城。柳宗元闻知给何蕃写信，表示对阳城被贬官极为难过。阳城启程赴道州之日，太学生数百人为他饯行，无不涕泣，并给他立石纪德。

阳城致仕后从道州隐居，与世相绝，人难知其所在。唐顺宗即位后，曾下诏征阳城回京任职。此时，阳城已经去世，享年七十岁，赠左散骑常侍，赐钱二十万，由官府安葬。

阳城是一位不贪图功名利禄的高洁之士，虽然非常清贫，但很乐意接济别人，不为金钱所动。阳城关心民情，杜绝弊政，廉洁奉公，反对官府催租逼债、侵渔百姓，这在封建时代是很少见的。

文官五子门神

·桃花坞年画·

四　由神到人　阳城的故事

五福临门·文官门神

·凤翔年画·

星官消天灾，好官免人祸。于是唐朝以后，天上福星与人间的好官阳城渐渐合二为一，清官阳城便成了福星的化身。在元朝道教著作《三教源流搜神大全》中，阳城这位福神完全是温厚的长者形象，已经非常接近现在福神的样子。

民间的评价是最公正的，民众非常感激阳城为民赐福，便建庙供奉。从此，关于阳城的传说更多，关于福神的传说也越来越多，甚至把天官、张仙和阳城当成是同一人，画成文官门神、五福临门、天官赐福、文官五子门神等。

福在眼前

·杨柳青年画·

福神由神到人的转变中，还有几位和阳城一样的真实人物，其中最有名的是唐代的钟馗。杨柳青年画《福在眼前》又名《福自天来》，画中钟馗右手挥剑过头，肩头一只红色蝙蝠翩飞，这是钟馗图案中最常见的图案式样。画中的"蝠"谐音"福"，这里谐音取意福在眼前、恨福来迟、福自天来、降福消灾。

引福归堂

·佛山年画·

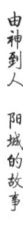

佛山年画《引福归堂》亦名《钟馗接福》，和杨柳青年画《福在眼前》构图相似，寓意相同，也是以"蝠"谐音取意"福"，大红蝙蝠取意"洪福"。民间悬挂钟馗图，最开始是在除夕，后来发展成端午节也流行挂钟馗画，可驱邪魔，可斩鬼怪，祈福得福，这就是钟馗画受人喜爱的原因。

三官信仰

造神的故事

五

天官也是福神的来源之一。人们自古将天官与福联系在一起，这从代代相传的民间年画《天官赐福》可见一斑。关于赐福天官的来历有多种说法，道教天官便是其中一种。

天官是道教供奉的三官大帝之一。三官大帝也称为"三元大帝""三官帝君"等，三官分别代替玉皇大帝管辖天、地、水三界。天官上元一品紫微大帝管神界，司赐人福；地官中元二品清虚大帝管凡界，司赦人罪；水官下元三品洞阴大帝管阴界，司解人厄。

上元一品赐福天官

·南通年画·

三官信仰渊源于中国古代先民对天、地、水的自然崇拜。古人认为，人的五官长相蕴含命运的玄机，未来能否大福大贵，福相是基本条件，更重要的是，能被上天选中。而被选中的方法就是拜神，拜这位赐福的天官。天官成为福星与东汉末的张道陵（原名张陵）有关。张道陵是道教创始人，擅长以道术祷祝和赶鬼，用符水为人治病，被称为符箓派。因其最初创立的五斗米道又称天师道，所以道教徒都尊称他为张天师。

三官大帝

·南通年画·

道教成功塑造了三官信仰,并且用种种特殊的方式,将三官信仰深深融入普通人的日常生活,塑造永恒的"偶像"崇拜。道教塑造三官最行之有效的造神方式是"傍名人",将中华三位始祖尧、舜、禹定为三官,重新塑造了天官形象。其中尧帝资格最老,他观天象以定四时节气,与"天"的观念很契合。舜帝巡游四方划分天下为十二州,教民勤于农牧,合于"地"之厚德。而大禹治水的故事更是妇孺皆知,顺理成章替代了原来的水官。

三官大帝

·南通年画·

道教塑造三官信仰的第二种造神方式是发明"三官手书"。道教崇尚天、地、水三官能通鬼神，主管病人请祷，所以道教中有两个职务最为重要：一个是祭酒，一个是鬼吏。祭酒主要负责讲授老子的《道德经》，鬼吏则负责为人治病消灾。南通年画《三官大帝》刻画的正是"上元一品赐福天官""中元二品赦罪地官""下元三品解厄水官"的形象。

"三官手书"是张天师的发明，简单来说就是用符水治病。他先用雄黄或朱砂、鸡血、清水在一张黄纸上画出若干鬼神"看得懂"的符号，将黄纸在一碗（或杯）水中浸一下，或焚化在这碗（或杯）水中，让病人诚心诚意地喝下去，就能"病者立愈"。

天地水三官

·南通年画·

五　三官信仰　造神的故事

张天师

·桃花坞年画·

随着张天师的名气越来越大,上门求见的人也越来越多,鹤鸣山下络绎不绝的人潮汹涌而来,除了上门拜师的,大多数是上门求医的。一个人如何应付得了?为了节省时间,也为了节约材料,张天师急中生智,干脆念念有词地用一把桃木剑或用食指在清水中画几下了事。他还在道观门口的半亩方塘中种几株莲花,养几尾金色鲤鱼,烧几道符丢进池塘,当众宣布,凡求医之人,要把平生隐恶之事写成三通文书:一通呈给天官,放在山顶上;一通呈给地官,埋在山中土里;一通呈给水官,沉入水中。这就叫"三官手书",目的是告诉各路神仙你犯下的过错,请求原谅。

天师镇宅

·桃花坞年画·

做完这一切后,看病的人还要向神明发誓:今后不得再犯,再犯不得好死!发完誓,病人就到这个池塘中舀一碗符水喝,病即痊愈。如果病人没有痊愈,或者病死了,这不怪天师,只怪自己忏悔得不够彻底。"三官手书"的魅力,就在于道教对它的宣传和神化,宣称其能为人赐福、赦罪、解厄,即天官赐予福运、地官宽恕罪恶、水官消解灾难。

三官

· 水陆画（产地不详）·

为了将三官信仰深深融入普通人的日常生活，道教又开始大肆渲染节日。《历代神仙通鉴》一书中说道，元始天尊吸取天地间精华之气，在体内孕化成灵胎圣体。农历正月十五，尧帝降生；农历七月十五，舜帝降生；农历十月十五，大禹帝降生。他们三位的生日成为三个重要的民俗节日，即上元节、中元节和下元节。

三官堂

·夹江年画·

每逢三元节，人们都要到庙宇祭拜三官，忏悔罪过，祈福免灾。这时，信仰三官的人都要禁荤食素，称为"三官素"。明清时期的夹江年画《三官堂》，画的上方是三官大帝，下方立有"天地水府三元三品三官大帝"牌，两边对联是"晨昏三叩首，早晚一炉香"，生动描绘了古人祭拜三官的情景。《三官堂》年画既可以用于三元节祭拜活动，也可以贴在家中神龛上，作为日常祭拜之神像。

天官福神的生日是农历正月十五元宵节，元宵节因灯会而成为中国民间最重要的节日之一。人们俗信正月十五是天官赐福日，每到这天早晨，人们便不约而同到三官庙供奉礼拜牲醴，祈求赐福、消灾、解厄。在节日的欢乐气氛中，赐福的天官降下凡尘，他就是装束富贵华丽、和颜悦色的福星。

推出尧、舜、禹三官后，道教又把皇帝拉入其中。皇帝参与造神是有证据的——1982年5月，河南省登封县（今登封市）一个农民在中岳嵩山峻极峰顶的石缝中发现了一通唐朝武则天时的金简，内容是乞求天官为武则天免罪赐福。1994年，在南岳衡山也发现宋徽宗时投在山崖上内容相近的金简。这些藏于峰顶的金简，正是道教制造的拉皇帝造神的证据，以此吸引广大民众向天官求福。

庆赏元宵

·杨柳青年画·

上元天官賜福

·漳州年畫·

五　三官信仰　諸神的故事

三元宫

·绵竹年画·

为了树立天、地、水三官的权威,道教采用他们惯用的,也是最行之有效的方式——造庙宇。继福神阳城之后,庙宇里面供奉着天、地、水三位神,称为"三官大帝",中间这位就是赐福的天官。

三元宫

· 绵竹年画 ·

一时间，全国遍地开花，到处修建三元宫、三官殿、三官堂、三元庵或三官庙等。如南岳衡山的三官殿中，福神成了高坐在庙宇中的威严天官，接受帝王的虔诚供奉。

天官赐福

六

天官的故事

《天官赐福》是最常见的吉祥年画,画中通常刻画富态的天官人物,头戴如意翅丞相帽,五绺长髯,身穿绣龙红袍,扎玉带,怀抱如意,或双手持展开的"天官赐福"卷轴,有的天官画像头顶还有四五只飞翔的蝙蝠。蝠与"福"同音,寓意天官降福,满满的吉祥意味。

从明清至今数百年来,中国各地到处都流传着关于天官的传说。这些传说故事内容不同,版本有异,但都说明天官赐福信仰在中国古代十分盛行。其中,安徽泗州戚天官的故事和川西邛州杨天官的故事流传最广。不同的天官传说,为民间艺人提供了创作素材和灵感,各地年画艺人创作了大量《天官赐福》的年画。

天官赐福

·武强年画·

关于天官赐福，自古就有很多传说故事，戚天官的故事便是其中之一。明朝中后期，朝廷腐败，很多官员都过着骄奢淫逸的生活，大臣戚杰清廉公正，老百姓都称他为戚天官。嘉靖四十五年（1566年）五月，淮水暴涨，州城进水，居民多外出避难。知州戴莲宇向戚天官征求对策，戚天官建议坚固城基，派人守候城墙，见倒就修，不让水从缺口灌进城区。戚天官亲自出马，召集众多船只停泊在泗州（今属安徽省）城下，以备急用，并昼夜巡防。十多日后，水势减退，泗州城得以保全。因为许多农田被淹，庄稼受损，戚天官又代戴知州写了一份奏章，请求免除赋税。不久圣旨下达，免泗州一年钱粮，百姓奔走相告，感激涕零。

天官赐福

·武强年画·

还有一年，戚天官奉命出去调查民情，结果发现泗州灾情严重，几乎颗粒无收。于是戚天官告诉皇帝，希望皇帝能够免掉泗州的税收。崇祯皇帝本要同意戚天官的奏请，西宫娘娘却从中作梗，未能获批。西宫娘娘要回四川省亲，在皇上面前撒娇，要皇帝下旨免去四川朝粮三年，并赈百姓粮草万担。

天官赐福吉祥如意

·凤翔年画·

戚天官看到这道圣旨气得说不出话来，四川每年丰收，而泗州颗粒无收，竟然四川得到免税，真是岂有此理！为了拯救泗州的黎民百姓，他冒着杀身之祸，将圣旨中"四川"二字巧添数笔，变为"免泗州朝粮三年，赈百姓粮草万担"。

圣旨一下，泗州万民欢呼，数十万灾民得救了。然而，戚天官却因此与西宫娘娘结下了不解之仇。西宫娘娘在皇帝面前大哭大闹，让皇帝把戚天官给斩了。文武大臣纷纷求情，虽然戚天官幸免于难，皇帝没有斩他，但西宫娘娘一直怀恨在心，伺机陷害戚天官。一天，西宫娘娘邀请戚天官对弈，一抬手，长袖一下将棋子扫落到戚天官那边的桌下。

戚天官弯腰拾棋，西宫娘娘一下用脚踩住戚天官的手，并故意大喊戚天官调戏她。回宫后，西宫娘娘以"风吹棋子落，调戏娘娘脚"为名，要皇上定戚天官死罪。皇帝正准备处死戚天官，结果他自尽了。戚天官蒙冤而死的消息传到泗州，民众悲痛万分。为了纪念戚天官，缅怀他的大恩大德，百姓自发在泗州城西北约四十五里处建了一个大型坟墓，以巨大的黑漆棺材厚葬，后人称之为"天官墓"。

天官赐福

·杨家埠年画·

民间传说的细节可能有所夸大，但历史上戚天官的确有恩于泗州人民。据《戚考功年谱》记载，戚天官跟随张知州读书时，泗州大旱，年仅十五岁的戚天官就力劝知州开仓发粮，救济百姓；劝知州祷雨，久旱不雨的泗州不久后便下起了大雨。泗州当地村民至今仍对戚天官感恩戴德，不少家庭盖新房和过年时都要贴上"天官赐福"几个红纸大字，以缅怀戚天官的恩泽。

天官赐福

·杨家埠年画·

戚天官的故事说明，只要一心为老百姓做好事，哪怕是一点点好事，都会让老百姓铭记于心，都会得到老百姓的爱戴与尊敬。从《天官赐福》年画中也可看出老百姓对清官的渴望和对幸福生活的追求。

图案里的中国故事·福神百图 福 八二

天官赐福

·潍县年画（墨线版）·

天官赐福

·凤翔年画·

这幅潍县年画刻画天官在天上云端往人间播撒金元宝和金钱，五个孩童在庭院中欢天喜地地捡，画面上方刻印"天官赐福吉祥 一切做事顺当"，一派喜气洋洋的情景。

天官赐福

·潍县年画·

天官赐福

·朱仙镇年画·

四川邛州"天官赐福"传说的主角是父子天官。传说,邛州关镇渔坝村的杨守鲁夫妇早故,次子杨伸幼时过继给叔父杨守敬。杨伸自幼聪颖过人,勤奋好学,知识渊博,于明朝天启五年(1625年)考取为进士,其叔杨守敬也在明崇祯六年(1633年)进京考中进士。

图案里的中国故事·福神百图

福 八六

天官赐福

·兖州府年画·

杨守敬、杨伸二人因对朝廷有功，明崇祯帝敕封杨伸为吏部文选司郎中，封杨守敬公为承德郎、吏部考工司主事。因父子二人同在吏部主事十多年，清正廉明，功绩显著，受到皇帝嘉奖，同被册封为"天官"，人称"父子天官"。

杨伸是明王朝的忠臣。明崇祯二年（1629年）冬，后金军队围攻北京。杨伸向负责京城防卫的大臣徐光启建议用石炮防御，并推荐善用石炮的族人教习守城军士操持石炮。徐光启采纳了他的建议，在京城的城墙上安置石炮八百余架，增强了防御力量，得到朝廷的嘉奖。

天官赐福

· 潍县年画 ·

杨氏父子天官在朝为官多年，清正廉明，深得朝野民心。杨守敬年迈之时，杨伸奏请皇上恩准，于明崇祯七年（1634年）秋，轻装简从，绕小道护送杨守敬回邛州郡（今邛崃市）。父子天官回郡后，奏请明帝恩准，于今邛南街后茶厂处营建天官府一座，建天官父子坊。

天官赐福

·潍县年画·

杨守敬、杨伸是叔侄关系,也是养父子关系。杨伸素有孝心,崇祯十二年(1639年)冬,已任吏部文选司郎中的杨伸因远在家乡的养父杨守敬身体欠安,于是年冬辞官返家,孝敬养父。崇祯十三年(1640年),养父杨守敬因病去世,杨伸厚葬其父。

天官赐福

·杨家埠年画·

治國安邦福貴神　　興家立業財源主

图案里的中国故事·福神百图

福 九〇

崇祯十四年（1641年），清兵攻锦州，农民起义首领李自成攻陷南阳。杨伸不顾年老体弱，带着夫人和儿子从邛州奔赴南京，组织抗清志士仁人固守南京。明末清初，张献忠入四川时，杨伸在邛崃道佐的寨沟里组织民众一起开山劈石，修筑城堡，抗击张献忠。

天官赐福

·杨家埠年画·

杨伸为官清正廉明，天启年间"恤刑江南"，其政德为民众所称道。曾两度捐资扩修杨姓家庙马祖寺，扶持家乡社学；曾捐资修建州城东外五里的御虹桥，并捐建州城东外十里的天官桥。他和其父杨守敬一起被百姓誉为真正为民造福的"赐福天官"。

天官赐福

· 杨家埠年画 ·

关于天官来历的故事,除了上述故事外,还有多种传说,其中一个说法认为天官是一位姓唐的将军。《铸鼎余闻》记载:三官俱周幽王谏臣,号天门三将军,死后为神,各地多有庙。三将军分别姓唐、葛、周,其中唐姓将军唐宏善主吉凶,死后成神,为天官。

天官赐福

・杨家埠年画・

道教在不同时期和不同地区也有不同的关于天官来源的说法，其中一说天官源自"三清境相"。《三元品诫经》中记载：上元天官隶玉清境，结青、黄、白三气，置上元三宫，其中宫名元阳七宝紫微宫。

天官赐福

· 潍坊年画 ·

此外，还有金、土、水三官说，生、死、苦三官说等。《古今图书集成·神异典》曰："金为生，候天气；土为成，候地气；水为化，候水气。……故曰三官也。"刘宋陆修静说"三官所执，生、死、苦考自明法曹"，认为生、死、苦为三官。

天官赐福

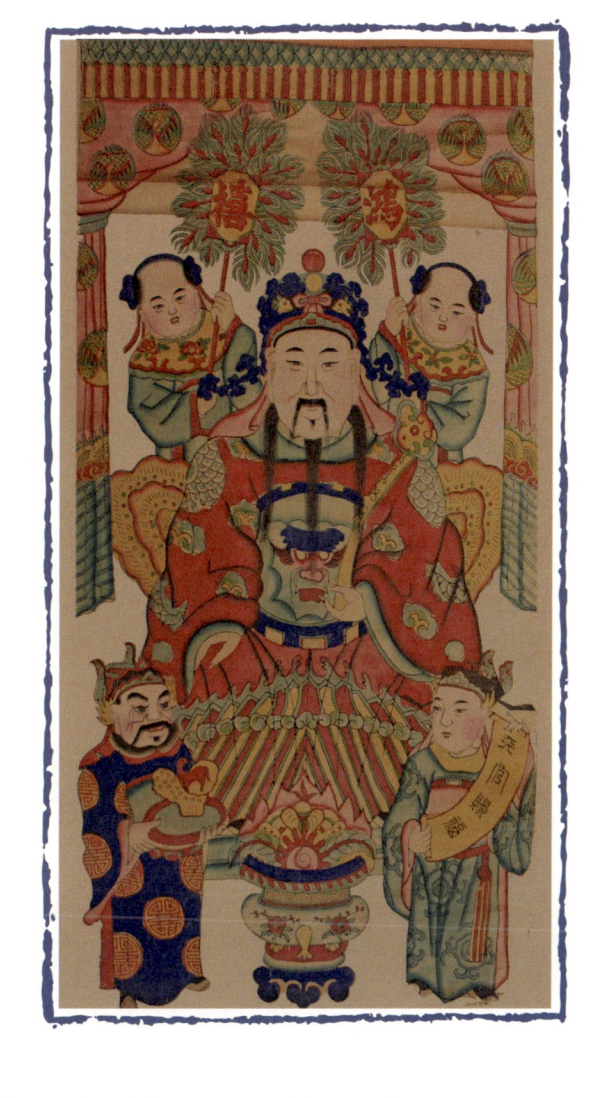

·年画（产地不详）·

还有一个民间传说，认为天官是陈子和龙女之子。传说，古时美男子陈子娶了三个龙女为妻，龙女生了三个儿子，分别为天官、地官、水官。另有一个类似的传说，说天官是徐子祷和龙王三公主之子。相传有个叫徐子祷的人，长得温文尔雅，俊美绝伦，与龙王的三公主一见钟情，结为夫妇，分别在农历二月十五、七月十五和十月十五生了天官、地官、水官三兄弟，即天官赐福、地官赦罪、水官解厄。

五福今天来

·杨家埠年画·

梅花开五福

·杨家埠年画·

人人都喜欢《天官赐福》，因为《天官赐福》上"福"的寓意是明确的，而杨家埠年画《五福今天来》中的"五福"，又是指的什么呢？《尚书·洪范》中解释，"五福"是指长寿、富贵、康宁、好德、善终。这是古人理解的五种福气，也是"福"的核心含义。

杨家埠年画《梅花开五福》出自对联"堂上梅花开五福，庭前玉树结三多"，也表现了"五福今天来"的吉祥寓意。梅花是中国的传统名花，因其花瓣有五瓣，故名"五福花"，深受老百姓喜爱。

福字图

·漳州年画·

《福字图》创作者将梅花融入"福"字笔画中,巧妙表达了福字的寓意。关于福,民谣说得很形象:"一口田,衣禄全",把福的"示"部首写成"衤"(衣)字,认为衣食丰足就是福。据说,慈禧太后也受这种说法影响,有一次这样写了个"福"字,吓得被赐字的一位京剧名演员跪地不起,不敢拿走。李莲英发现后,打了个圆场说:"太后的福气总比别人多一点,这点怎么能给你?收回吧!"

桃花坞年画《福字图》融入了诸多与"福"相关的人物和吉祥图案,如和合二仙、麒麟送子、刘海戏金蟾、赐福财神等,画面丰富,洋溢着满满的幸福感。

福字图

·桃花坞年画·

六　天官赐福　天官的故事

增福财神

李诡祖的故事

七

增福财神听起来是财神，其实和福神密切相关，如去掉"财"字，简称就是增福神了。增福财神还有一个别名——福禄财神，福放在首位，也就是说，福神是禄神和财神的领导，福神是福、禄、财神的核心。

增福财神是一个特征概念，表示财神的特征是给人增福的。福神的落脚点是财富，有财富可以提升福神带来的幸福感，而祈福的目的也是让人们过上更好的富裕生活。所以，我们看到的福神画像中，福神手中常常是拿着金元宝和金钱的，福神的脚下往往和财神一样也有一个聚宝盆。事实上，在民间年画中，福神和财神在形象上常常没有明显区别，充当财神的同时也是福神，充当福神时又是财神。增福财神就完全将两者合二为一了。

增福财神

·武强年画·

武强年画《增福财神》上方印有"增福财神"四个字。增福财神的形象即文财神形象，文官模样，头戴乌纱，容貌慈祥，身穿红袍，手持如意，足蹬元宝或足下有聚宝盆，外形很富态。人人皆知增福财神，人人都熟悉增福财神，但如果问到增福财神到底是谁，似乎一下子说不清楚：既可以是财神和福神的结合，又可以是福神摇身一变为财神，抑或是财神因此成为福神。

增福财神

·武强年画·

关于增福财神的早期图文记载来自《三教搜神大全》一书。书中绘有增福相公一图,并有文字称:"李相公讳诡祖,在魏文帝朝治相府事。"这位增福相公应该就是增福财神的源头。

增福财神

·武强年画·

民间传说李诡祖为太白金星下凡，属金神。唐武德二年（公元619年），唐高宗赐封李诡祖为"都天致富财帛星君"；后唐明宗天成元年（公元926年）被封为"神君增福相公"；元世祖时期被赐封"福善平施公"，故李诡祖又被称为增福财神、福禄财神、增福相公等。

增福财神

· 平度年画 ·

李诡祖白日裁断阳间冤狱，夜间主判阴间是非，兼管隋朝三品以上官人衣饭禄料和在世居民每岁分定合有衣食之禄。《增福财神》年画中，李诡祖通常是一手执如意、一手托元宝的天官兼文财神形象。

增福财神

·平阳年画·

关于增福财神的来历还有很多其他传说。传说南北朝时期，淄川五松山下一家李姓农户生了一个婴儿，一道金光冲天上，惊动了一位神仙。神仙掐指一算，婴儿是天上太白金星下凡。太白金星叫李长庚，是天界的金神，也叫财帛星君。于是，这位神仙变作一个跛脚道人，一瘸一拐地走到五松山下，告诉孩子的父母，这孩子出身高贵，将来必成大材，并为孩子起名叫李诡祖。

> 增福财神
>
> ·平阳年画·

李诡祖长大后果然才学出众，本事了得。相传，李诡祖在任县令第三年的秋收之际，大雨淹没了庄稼。一个善于占卜的人说，大雨是因为城外有一水妖在作怪。李诡祖便一人前往，拔剑与水妖大战，因水妖在水中占优势，李诡祖败下阵来。此时他身上所带的卷轴发出金光，水妖被金光所伤而逃。李诡祖追至一村庄，村里一老者拿出一祖传金石，李诡祖用金石降服了水妖，金石最后化成了李诡祖手中的金元宝。李诡祖治理好了水患，百姓无不感谢他为民造福。

增福财神

· 平阳年画 ·

又说淄川城的东山上有一道天齐岭，天齐岭的北端叫嬷嬷幢。李诡祖的陵墓和李相公祠就在嬷嬷幢西山谷中。嬷嬷幢东侧的山谷中有个石洞，叫淌钱眼。关于这个淌钱眼还有一个传说：古时祖孙两人要饭，又累又饿，路过这个石洞，老婆婆祈祷："老天爷发发慈悲，救救我们吧。"话音刚落，就见洞里滚出一个金元宝。

增福财神

·东昌府年画·

祖孙俩又惊又喜,忙对着石洞磕头。这时飘来一位白胡子神仙,说:"老婆婆,我是岭上李相公。石洞里有元宝,你要多少都可以拿走。"老婆婆说:"一块元宝已经足够了,我们庄上还有很多人吃不上饭呢。"神仙李相公说:"那就让村里人都到这里来拿元宝吧。"说罢就不见了。

增福财神

·凤翔年画·

老婆婆招呼村里人到此取元宝，他们每家只拿一个，从不多拿，从此这个村里的人都过上了幸福的生活。神仙李相公送元宝的事一传十、十传百，人们把李诡祖当成福禄财神供奉，并建了李相公祠，也称增福财神庙，而这个向外滚元宝的石洞也因此取名为淌钱眼。

增福财神

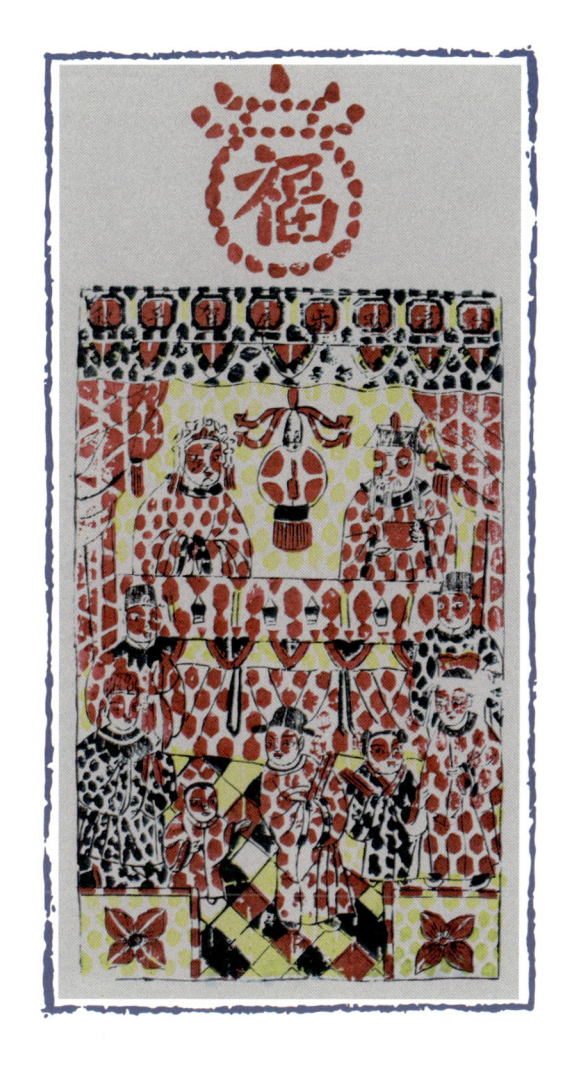

·南通年画·

传说隋文帝年间,淄川周村有一个李掌柜,在齐州府(今济南市)经营一家"财帛永兴"丝绸店。这年农历七月二十一夜里,他做了三个相同的梦,梦到老人一进门就说:"明天是我升仙的日子,谁给我庆祝,我保证他福禄双全,财运亨通……"第二天一早,李掌柜就按照梦中老者的嘱咐,燃放鞭炮,供奉香火。那天来看热闹的人看完后都到店内买绸布,原本门前冷清的丝绸店变得人潮汹涌,生意立马红火起来。

聚宝增福财神

·南通年画·

后来，每到农历七月二十二这天，济南、淄川、潍县、即墨等地的商铺纷纷效仿李掌柜的做法，在山东形成了祭祀增福财神的习俗。后来，这一习俗流传到全国，人们把这一天定为增福财神节。中国民间的大百科全书中有所记载：七月二十二，增福财神圣诞。老黄历上则写"七月二十二，财帛星君圣诞"。

增福财神

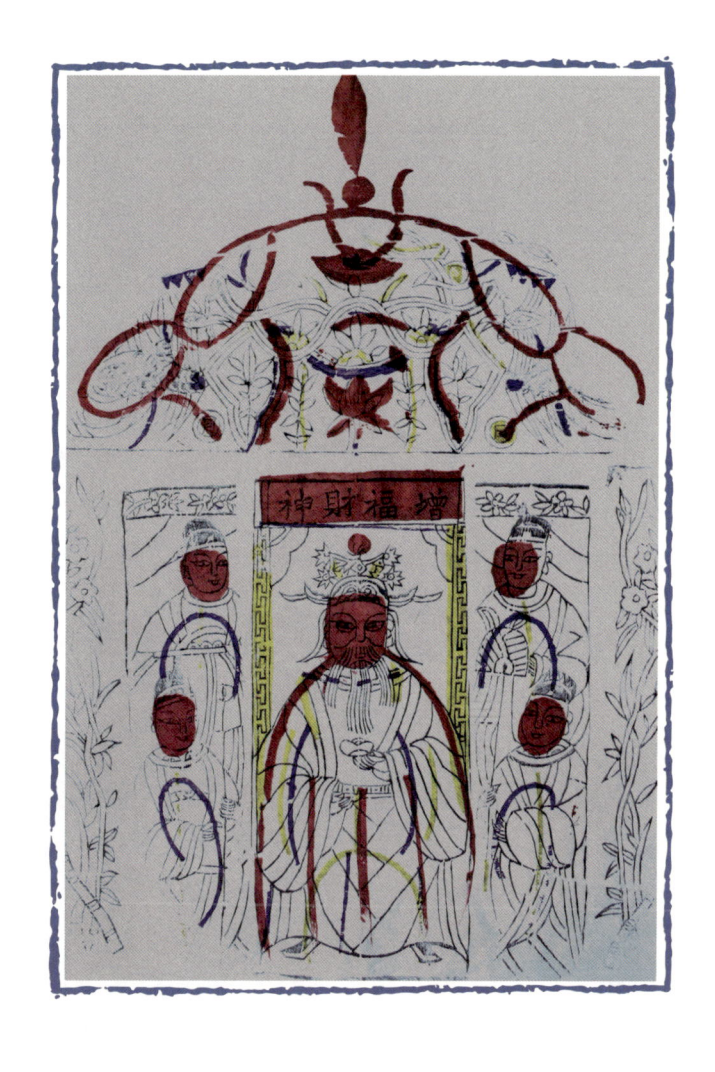

·南通年画·

传说，唐高祖李渊的皇后、李世民之母窦皇后得了一种怪病，昼夜不得安宁，李世民发榜在全国征求神医。一个云游道人来见李世民，说大唐王朝杀戮过多，游魂冤鬼找不到归宿，所以迁怒于太后。淄川有一个神仙姓李名诡祖，主裁阴阳两间冤狱，最能驱神役鬼，祛病消灾，让李世民在太后住的地方设立李神仙的牌位，求李神仙显灵，看看能否医好太后的疾病。李世民便按此照办，太后的病竟真的好了。为了感激李神仙的神功，李渊封李诡祖为"都天致富财帛星君"。

图案里的中国故事·福神百图

福

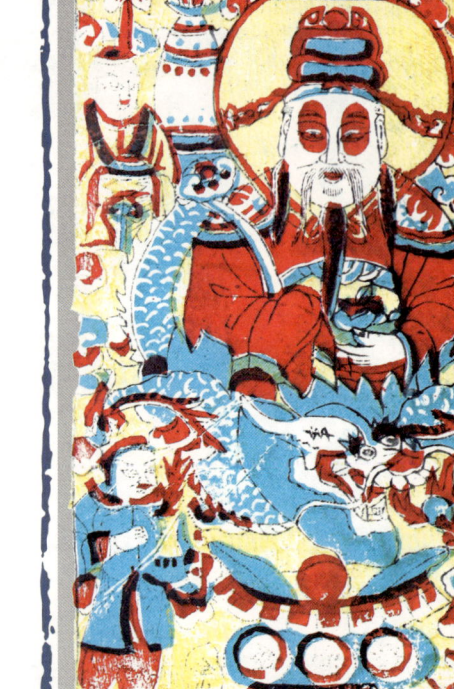

一一四

增福财神

·南通年画·

中国有多处专为李诡祖修建的增福庙。淄川嬷嬷幢的李相公祠是最早的增福财神庙。北京的黄瓦财神庙是规格最高的增福财神庙，其简介上写有："据民间传说……雍正为亲王时路过此庙，曾祈求保佑登上帝位。"黄瓦财神庙最初叫增福庙，供奉的正是增福财神李诡祖，后来才增添了武财神赵公明。

增福财神

·潍县年画·

古代潍县专门为李诡祖建有增福庙。清代陈蜚声在《潍县增福庙会小记》中描述："城内有增福庙，始于唐，兴于宋，盛于元明。有增福庙会……吉时一到，庙内钟鼓齐鸣，庙外响雷震天。善男信女，燃纸焚香，舞蹈献贡，三拜五叩首，祈福膜拜……貔貅在前引路，善男信女执摇钱树，金元宝紧随其后，人头攒动，蔚为壮观……"

增福财神

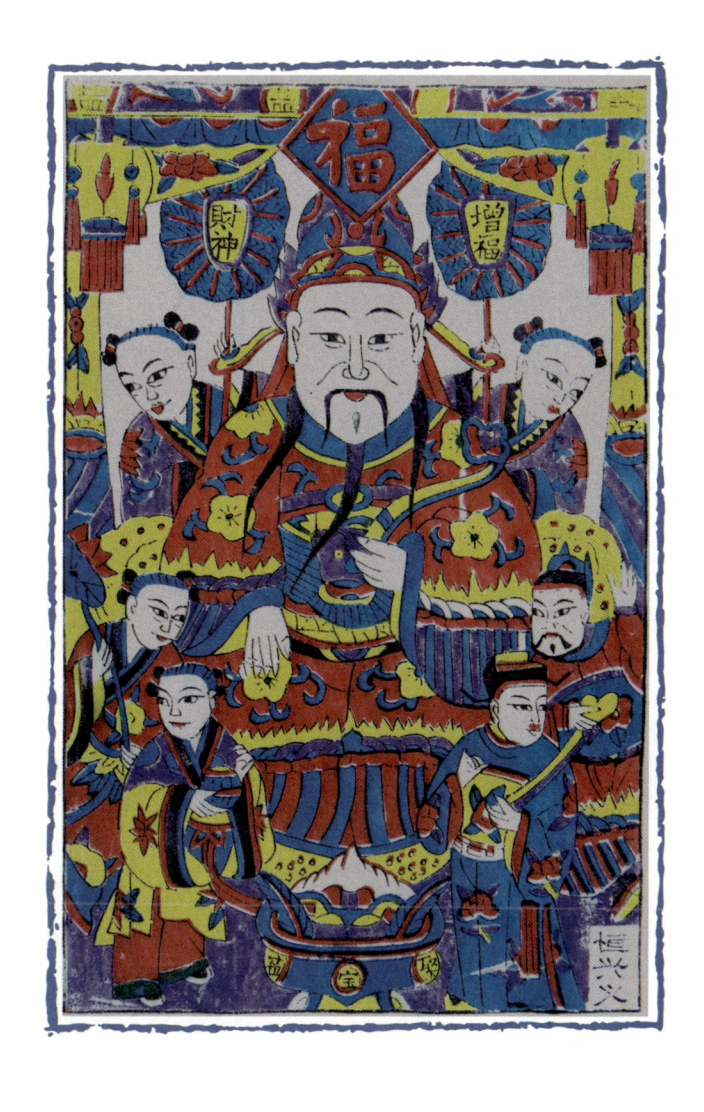

·杨家埠年画·

增福财神李诡祖在民间深受欢迎，老百姓为他建增福庙，尊称他为增福神：一是李诡祖在北魏孝文帝时任曲梁县令，清廉爱民，除妖去害，治理洪灾，造福黎庶，去世后当地老百姓建立祠庙用于祭祀；二是历朝皇帝不断敕封，使他逐渐被神化；三是明清时期多位名人对文财神进行广泛宣传，使之发扬光大。古代木版年画上的增福财神像也起到了很好的传播作用，至今山东、山西等地春节拜福神都要用《增福财神》年画。